一 位 台 湾 女 设 计 师 的

上 海 风 华

陈翠室内设计作品集

《设计家》编辑

江西科学技术出版社

从小喜欢画画，

对美的事物自然就比较敏锐。

学校毕业后，陈翠选择了室内设计行业，

是希望可以在生活领域融会中西古今，

为居住者打造一个自然、舒适、雅致的理想空间。

从台湾来到上海，她在室内设计界逐渐形成自己典雅

华丽的风格特色，

尤其是在别墅空间的装饰设计上，

她举重若轻，得心应手，

得到客户的普遍称赞。

她认为是挑剔的顾客促进了市场的成熟，

上海有最精致的消费群体，

典雅是华丽风格的最高境界。

前　　言

　　陈翠是个精灵鸟，生在台湾，学在日本，游历欧美，带着千千万万的美妙梦想，飞临祖国大陆，钟情上海。她总是那么快乐，那么幸福，因为她从事的室内设计装饰工作就是她的人生最爱。

　　陈翠是个会唱歌的精灵鸟，永远都是那么神采奕奕地，在工地，在路途，在公司，飞来飞去，飞上飞下，每句话都说得那么干净利落，热情洋溢，善解人意，像悦耳的歌声穿行在城市、楼宇之间。

　　陈翠是个神奇梦幻的精灵鸟，她用贤淑的设计理念帮你把空荡荡的房子打理成温馨的家园，她用精彩的装饰语言助你美梦成真，美仑美奂，华丽裹着喜气，典雅透着浪漫，每一根线条，每一片色块，每一缕灯光，都洋溢着现代生活的气息。

　　华丽，有很多设计师都追求过，但似乎陈翠做得最钟情。

　　陈翠的华丽风格自然流畅。从门厅到照壁，从天花到地板，从客厅到厨房，从沙发到窗帘，门口的踏步，沙发的垫毯，卧室里的灯光……所有的物件都是相互应答，彼此呼应，和谐统一在一种高贵的格调中，豪华而内敛，富丽而本色，不张扬，不喧嚣，没有任何生硬僵直，而是行云流水，华彩乐章，尊严都在骨子里，富贵留在品质中。

　　陈翠的华丽风格细节丰满。无论是空间分割，色彩搭配，还是图案选择，线条伸缩，以及灯罩、挂钩、小摆设，凡是生活中你要伸手之处，那里已经为你准备停当，你要投射目光，那里已经为你安排风景。丰满的细节，使得华丽的风格在尊贵的格调里充盈着生活的喜悦气息。

　　陈翠的华丽风格空间明亮。在以别墅为主的室内设计装饰中，她对空间布局，以及整块墙面构图，地面谋划，都以完整的图案，明朗的线条作支撑，在满足生活实用的功能基础上，寄托着落落大方，高亢嘹亮的审美理想。尤其是那些贵金属色调的线条，纹理，脉搏，仿佛是金色的圆号在华彩乐章时时吹响。

　　陈翠的华丽风格豪华典雅。金色年华，丰收时节，富丽堂皇是成功者的人生奖赏。作为一个室内设计师，她不是替你去挥霍，去张扬，而是心怀感恩去善待天物，心存慈爱去描红画彩，富贵中有了高低轻重的拿捏，华丽里有了自珍自爱的边界，天地人，恩情义，理智信，和谐静穆，本色自然。这样的住宅宜室其家，传之久远。

　　陈翠相信世界本来就是圆圆满满的。为了这个圆满的世界，她希望自己以一个设计师的身份，在室内设计行业愉快地工作，一直到老。

　　美丽的精灵，风华正茂。

《设计家》编辑部
2006 年 5 月　上海

Contents
目 录

选择上海，钟情华丽	001	设计师陈翠访谈录
奥汀宫廷 I	004	年轻的雍容华丽
奥汀宫廷 II	014	默契空间
御墅别墅	024	酒店般的舒适
思南新苑	036	简约新古典
明珠苑	045	甜美与浪漫
万科假日风情	052	在简约中寻求更深的文化内涵
万科香溪苑	060	风格无界定
万科华尔兹	070	怀旧而适合喝咖啡的家
佘山银湖别墅 I	078	古典与时尚的碰撞
佘山银湖别墅 II	091	文化背景与空间的融合
仁恒滨江	100	空间张力
西郊宝成	112	现代空间的舒适演绎
湖畔佳苑	120	开花结果，浪漫之家
现代缘墅	138	简约中国风
浅水湾 I	148	现世的金粉之家
浅水湾 II	162	华丽与粗犷之间
汇贤居	172	通透气派
爱伦坡	180	永远花开的居所
春天花园	186	简约是一种朴实的生活情调
东方曼哈顿	192	最适合的避风港
水仙苑	198	美式家居的简练表达
汤臣豪园	210	拓展的空间
天籁园别墅	216	自然和谐的禅居生活
盈家园别墅	224	意大利人在上海的中式家居
苏州天鹅别墅	230	大气男人家
编后记	240	纪录陈翠

钟情上海　选择华丽

设 计 师 陈 翠 访 谈 录

上海市场 / 挑剔的顾客 / 心理学是室内设计的基础 / 手工是不可替代的 / 华丽的品格 / 今生为设计

上海比较适合我生存

《设计家》：您从台湾来到上海已将近十年了,事业发展得很稳健,请谈谈您当初为什么要选择上海?

陈翠：1992年我来过上海,觉得上海有一个很大的特点,在这个城市生活的人都比较爱漂亮。不管是个人穿着还是居家装饰,都追求高品质。正是出于这一认识,1997年的时候,我来到上海发展业务,因为我相信这种特质能够促使室内设计装饰行业在上海快速发展。这就好比是一粒优良的种子,在一个适合的土壤和气候条件下,肯定会茁壮成长。但我没想到的是,这个市场的发展是如此之快,十年前后简直是天壤之别。

这种反差主要体现在顾客的品位和理解上。刚开始大家都推崇现代时尚的风格,流行什么就选择什么,对设计的理解相对的不成熟。那时候,人们如果看到杂志上用裂纹玻璃,就一定要完全照搬地使用,不太考虑是否适合自己的实际情况。不过这种现象现在少多了,现在的客户比较知道自己适合什么。

其实,流行的东西比较没有生命力。我个人主张设计不要太夸张,要追求永恒,而永恒就取决于客户的个性和独到的审美品位。在这个基础上设计出来的东西,才是比较耐看的,对于客户本身来说才是经典的。

现在,上海已经具备了比较成熟的市场环境,不仅顾客的消费意识更加冷静平和,而且上海拥有最好的装饰材料,许多最新的产品也已经与国际同步,建筑施工的质量方面也具有较高的水准。就整个市场而言,上海秩序规范,井然有序,我很喜欢这种状态。

挑剔的客户造就了成熟的市场

《设计家》：现在您的客户对您的设计风格以及设计费用的接受程度如何?

陈翠：现在还算OK。因为我的收费标准是以成本加利润的总和计算的,包括人力成本、时间成本、设备成本、材料成本等,所以顾客觉得我的价格比较合理。我们现在的纯设计费较高,如果是设计带施工配套,设计费价格会较低。

为什么要这样?主要是为了方便跟踪施工工程,确保设计图纸解读无误,施工工艺和装饰质量也能进一步完善。我曾经做过一个纯设计工程,业主是业内人士,有自己的建筑装潢公司,个人素质很高。当时我接下这个项目后,断断续续做了一年的时间,结果我很后悔,因为当地的施工水准与上海的质量要求根本就不是一个概念,这样做出来的作品与我原来的设计意愿相差甚远。我认为这是一个深刻的教训。

《设计家》：对于一个严肃认真的设计师来说,每一个作品都是她的孩子,既然生养了这孩子,就一定要把这孩子养好,成人。您是怎样做到的?

陈翠：我想每个设计师对于自己的作品都会要求完美。我们的工作很琐碎繁杂、很不浪漫,但作品一定要是完整的、美丽的。所以需要有一群志同道合的伙伴共同完成。我们的工作除了要有感性的思维,还要有理性的经营。前不久我遇到过这样一个客户,他购置了上千万的物业,大约有500多平方米。他的开场白是,我来找你,肯定是要好的设计,价格贵点没关系,只要你做出来的东西好。遇到这样有经济实力的客户，我们觉得很感动，更是很荣幸。虽然客户声言不在乎价格，但我知道经商的底线，恪守着自己的价格标准。坚持市场规范，是我回应客户信任的最好答卷。

《设计家》：如此慷慨的客户，其实一定有特别的要求，他可以不在乎花钱，却非常在乎设计装饰效果，您是怎样看待这些挑剔的客户的？

陈翠：对，我们的客户实际上都是很挑剔的，因为他有足够的理由对设计师提出非常高的要求。我和我的团队一起研究过这个市场，能在上海这个城市成功的人士都有一个特点，就是非常仔细，这也鞭策我们更加精益求精，力求做好每个小细节。

客户的挑剔还促使了工人素质的提升。上海的工程队只要经过训练和长期的磨合，是相当不错的。应当说，是挑剔的客户造就了成熟的市场。所以，我觉得我选择上海这个市场是对的。

心理学是室内设计师的基础课程

《设计家》：作为女设计师，您有没有感觉到性别更有利于您与客户沟通？

陈翠：我觉得性别并不是我最大的优势，我认为是心理学帮助了我去了解客户，解读客户。因为我们的工作多半是别墅、居家。客户的生活习惯、性格、品位、爱好、审美倾向，决定了他需要什么样的家居设计，这就特别需要设计师与客户之间的沟通和理解，而这种交流又是在非常有限的时间内完成的，所以不懂得心理学的室内设计师就难以开展工作了。

也许我这一辈子注定是从事室内设计的，学生时代虽然不是主修心理学，但一直对这一学科兴趣浓厚。多方面的学习心理学，就能够大大提高与客户沟通交流的效率。我觉得对我个人而言非常受用。

《设计家》：设计师与客户之间的沟通除了心理学知识，在语言、文化方面的相通或相同是否也是很重要的？

陈翠：你说得很对。正是因为语言和文化方面的相通，使得我们在与境外设计师的竞争中，具备了先天的优势。很多同行说，2004年营业额8000万，2005年就萎缩一半，2005年下半年，上海一个月关闭了很多家装潢公司。由此可见上海的竞争多么激烈，所以我们需要更努力。因为你稍微不认真，很快就被市场淘汰了。现在法国、意大利、美国、德国等许多境外设计公司纷纷进驻上海，他们本身有很多优越条件，对我们造成很大的压力。

那么，我们的有利条件是什么？就是语言和文化背景，跟客户比较接近。在我的客户当中，有很多人是事先找过法国或意大利的设计师，中途又转过来找我们。我们的优势就是语言相同，沟通没有障碍，施工工艺都是国内的工人做的。有些大项目，由于国内工人对国外设计师的设计意图理解有障碍，施工过程根本无法实现设计师的设计理念，结果肯定是半调子工程，实在很可惜。主要原因就在于语言有障碍，没有把设计图纸以及图纸之外的施工细节要求都原原本本地翻过来，加上管理不够精细，不了解国内市场，自然会产生很多问题。

有人说上海是用十年走过人家一百年的路。中国进步真的很快，上海处于中国的最前沿，从设计到施工，现在已经不会输给国外了。

我最近完成的一个项目是就很有震撼效果，业主是境外来沪人士，按照他的审美倾向，我给她的别墅居家定义成了新古典。她的美国朋友看过后，给予了很高的评价，说做得很有格调，包括施工工艺都做得很到位。我想，这是因为整个上海室内设计装饰行业，包括我们在内，都在积极进步。

室内设计是我人生最爱

《设计家》：有没有考虑过，功成名就了还去做什么？

陈翠：我有几个完成的项目请台湾摄影师来拍摄照片，当时他就说如果这些作品在台北发表是会轰动的。但是我告诉他，我不喜欢太张扬，我也不要去台湾发表，我就是希望在这里实实在在的做好我的市场。我觉得比我优秀的其实大有人在。我想一直从事这个行业，做到人家一提到别墅装修就想到，哦，陈翠！

《设计家》：经过近十年的经验积累，您的核心客户群体是哪些？

陈翠：我的市场针对性比较强，主要面向一些高端客户。我的想法其实蛮简单的，我不是想要多有名气，最主要的是我喜欢这份工作。我只是用我的想法来判断一件事情，所以我就觉得只要我喜欢这份工作我就做得很开心。

《设计家》：除了出色的设计之外，您觉得成功的因素还有哪些？

陈翠：做设计其实是很辛苦的。草图我画，谈生意我去，因为我觉得我跟客人直接沟通会比较清楚，所以我也不是以很商业化的形式在做生意，主要还是凭感觉，当然这种直觉里面也有很多市场分析，因为一个完全凭感觉来判断的事情是做不好的。我对市场的直觉比较敏锐，因为我们家是经商的，小时候我就帮妈妈做生意，包括付钱给厂家什么的，布料进价是多少钱，我13岁就会了。所以我这种直觉是跟着母亲训练出来的，知道市场是怎么回事。这一点对设计师很重要，用正确的方法来经营管理。室内设计行业与市场因素关系密切，很多设计师没办法生存下去，就是他太浪漫了，感性太强，理性不足，这样就可能会被淘汰。我以前也很自我，但是随着年纪增长，我在调整，慢慢变得内敛起来。设计师一定要保持心态年轻，因为心态年轻所以接触面自然会更宽广。

《设计家》：您在室内设计装饰风格上，崇尚欧洲的典雅华丽，很有内涵，细节丰满，这是出于什么原因？

陈翠：我喜欢旅行，周游过很多国家和地区，这让我充分感受每个地方的不同生活艺术，人文环境，对我的设计有很大的帮助。我比较喜欢欧美的家居，因为感觉比较舒适、自然。是艺术，更是生活。她们的线条很美，很柔和，很雅致，很华丽。所以我一直延续着这种风格，完成我所喜欢的设计。我感觉到生活里有些东西是可以永恒的，值得我们一辈子去珍惜，比如一个如鱼得水，舒适，自然，典雅而又华丽的家。

Young glorious maturity

奥汀宫廷 I

房型： 联体别墅
建筑面积：350平方米
主要建材：进口爵士白大理石、进口墙地板、意大利墙纸、枫木实木地板、长毛地毯、金箔、银箔

年轻的雍容华丽

雍容华丽，如同一位仪态万方的贵妇，以其独有的时尚与高雅表达着特殊的气质与艺术品位。

本案业主是年轻的女孩，却有独到的喜爱，不同于一般的年轻人喜欢简约，而是独钟华丽与金碧辉煌，家庭人口就夫妻二人，所以在与其沟通后，为其营造一个米色高雅的居住空间是我所努力的。

米白色更是女业主最情有独钟的色彩，也是我本人最喜爱的色彩。在房型的安排上，地下室有大银幕的投影电视、影视厅、健身房，亦做了设计。

立柱大灯，及雕花大镜，配上达·芬奇奢华的VERTSACE家具。厅的设计整墙衬以斜格木刻花金箔线及碎银箔格子，用金箔、银箔的呼应，让空间不再单调，彰显华贵。

夹层的空间做开放式的书房，企图让金碧辉煌的客厅，能有着充满文化气质的华丽。

二楼的客房以软包装饰扣来表现华丽威严，进口的丝质粉色软包及高级感十足的家具、窗帘，豪华却不失雅致。

三楼的独立空间，主卧室，挑高至顶的软包，杜邦长毛地毯，达·芬奇金色床具，皮质包扣沙发，营造浪漫且高雅的奢华感。

整个空间设计以白色、米色、金色为主，配上达·芬奇华丽的家具、质感优质的窗帘。

The tacit space

奥汀宫廷 II

房型：连体别墅

建筑面积：350平方米

主要建材：玻化砖、喷砂玻璃、黑金沙大理石、雅士白大理石、不锈钢扶手、钢化玻璃

默契空间

人与人相处久了，自然而然会产生默契，
空间与空间之间，亦可以塑造出约会的默契。
本案大面积的奔放线条是设计重点。
门口处条状大理石白拼花，黑白分明。
在客厅以线条的动线营造气派。
线与块面的结合在多层次的空间安排下，色调间的环环相扣，是我所要表达的概念。
地下室由于无窗，视听室以深明黄色托出胡桃木，
让视听室不至于太冷峻。
顶上的黄色灯光在电影开始播放时能起到营造气氛的效果。
打穿了每个房间的隔墙，
让主人在起床后可打开玻璃木质隔墙，
享受更大的空间。
默契是此空间所力求的。

Comfortable like a hotel

御墅别墅

房型：联体别墅

建筑面积：335平方米

主要建材：人造石、碎金箔、东南墙纸、樱桃

木夹板、乳胶漆、大理石

地毯、金箔、银箔

酒店般的舒适

一如酒店般的舒适，

华丽而不铺陈，雍容气度与优雅内涵，

才是显赫尊荣的显现。

本案较规矩的房型空间，不能变更的因素太多，

所以设计的重点在材质、软装的配色上，

空间力求在色彩、图案、材质上达到统一，

以营造和谐的美感，

以米色来表现古典与雅致，

极华丽的地毯来表现奢华的张力，

实木的吊顶与金色配红色的窗帘，

软装在整个的空间起了呼应。

天然材质的墙纸，让金色显得收敛，餐厅与厨房间利用弧

形钢化玻璃使空间变得透明而宽阔。

简洁华丽的主卧，小碎花的女儿房，

二楼有朴实暗花沙发的休闲室，顶上的楼梁处理，

使层高更舒适，

在设计上希望本案是充满酒店式风格，大器且尊贵。

A foreign guest;¯s Chinese home

思南新苑

房型：四房两厅
建筑面积：250平方米
主要建材：玻化砖、金箔、白镜、夹金丝玻璃、
枫木夹板

外国人在上海的家

本案夫妇是对外籍人士，
因为工作的关系长居上海，喜欢雅致而简约的装饰。
由于是公寓式房型，层高并不很高。
空间以大块面分割、
造型采用直线、斜格、简单的材质
加以贴上金箔的古典线条，
让空间在简约中又不失典雅。
软装以极简的家具来衬托，
造型现代的家具令空间充满趣味。

Sweet and romantic

明珠苑

房型：联体别墅
建筑面积：250平方米
主要建材：米黄大理石马赛克、白洞石、
锻铁扶手、枫木夹板

甜美与浪漫

雍容、充满女人味的居室，
这是对年轻新婚夫妇的家，
有着甜美与浪漫。
空间上最明显的张力是客厅用石材砌出的弧型，
与白托金的锻铁、以雪的图案设计出的隔断、
简单明快、很高挑的。
客厅与餐厅间若隐若现，
造成视觉上的主角、白色与金色
一向最能张显材质的雅致高雅、
三楼的主卫更把阳台纳入，做了个浴缸，
使原本不够大的卫生间能充分利用空间。
主卧房旁边因工作需要做了书房，以透明玻璃来分隔，
既可分区，又不至于让空间变小。

Seek deeper cultural connotations when being brief
seek deeper cultural connotations In simple

万科假日风情

房型：复式房
建筑面积：180平方米
主要建材：米色亚光砖、科技板、复合地板、乳胶漆

在简约中寻求更深的文化内涵

简洁练达的块面、纯净的色彩，
阐释时尚简约的理念。
本案在房型规划中采用传统的双排上下梯，
拆除原来厨房墙改为钢化玻璃墙，
使空间变得更宽广。
旋转电视柜，明确的划分客厅与餐厅间的分界，
又可任意转动，为生活带来方便。
简单的家具是配色重点。
没有多出来的线条，是设计重点。
大量的储藏空间，是简约空间所更需具备的，
入墙的柜子，更是不可缺少的。
本案重点，努力在简约中寻求更深的文化内涵。
旋转电视柜，明确的划分客厅与餐厅间的分界，
又可任意转动，为生活带来方便。
简单的家具是配色重点。没有多出来的线条，
是设计重点。大量的储藏空间，
是简约空间所更需具备的，
入墙的柜子，更是不可缺少的。

No limited style

万科香溪苑

房型：连体别墅
建筑面积：290 平方米
主要建材：砂岩、米色亚光砖、
天然竹质墙纸、西班牙米黄大理石

风格无界定

抛弃了固定风格带来的严肃，
以现实的手法来怀念历史、渲染空间，
让美的材质相互浸染。
本案在设计上并没太多固定风格的界定，
玄关入口用了砂刻回纹做了装饰，
一只看不出是鞋柜的柜，摆在入口，
可容下主人多数的鞋。
胡桃木色的柜，当中摆上装饰瓶，
一个简练的墙饰，就此而生。
走入餐厅区，入储藏室及卫生间的门因为房型关系无法改
变，而正对餐厅又不甚美观，
故利用门片相呼应的手法，
在门片上装饰砂岩，使其成为空间上的装饰，
门的形象不致至于太具体。
全部卫生间以进口洁具，
配上简单大方的大块亚光砖，
材料单纯而大器，软装全部以五星级酒店的家具来衬托，
简约、大方，用材也以单纯的米色砖、胡桃木色、
砂岩等装饰。
本案的设计，企图在简单的材料中寻求不同的变化，
让单纯的材料因组织不同产生不同的视觉感受。

A nostalgic home suited drinking coffee

万科华尔兹

房型：公寓
建筑面积：160平方米
主要建材：龙凤檀实木地板、全屋订做实木家具、复古砖、进口墙纸

怀旧而适合喝咖啡的家

不强调刻意的装饰，以墙纸强调质感，
家具软装体现风格。
本案的业主是墙纸进口商，
所以当初即定下所有的墙，以无图案、有质感的浅米色墙纸来衬托。
订制家具，经与业主多方沟通后，
原方正格局的房型并不刻意修改，
是一套强调软装的设计。
施工完成后期，与业主订制家具选灯饰、布艺，才是最大重点。
业主想法的认为固定的装饰不宜太多，
因为有可能会换更大的房子。
而家具就一定要实木的。
实木的家具、随时间的移动，
更见韵味、更有感情。
所以一个怀旧而适合喝咖啡的家就此产生。

Classical and fashionable

佘山银湖 I

房型：独幢别墅

建筑面积：450平方米

主要建材：西班牙米花、深青大花绿大理石、啡岗纹大理石、樱桃木实木门、樱桃木夹板

古典与时尚的碰撞

本案是以简洁的线条来创作的欧式住房。
业主喜欢豪华的家具，却又不希望装修得太复杂，
以简化的欧式线条主导设计。
玄关以喷水鲤鱼池来划分，
鲤鱼耀龙门是当初的初衷。
客厅偌大的壁炉成为视觉焦点凹凸的直线条，
占了空间的中心位置，大厅以两组沙发来配色，
真皮的红、白沙发现代味十足，却又与精致的古典镜、
灯饰撞击出新古典的风情。
房内的装饰以家具为主，不做太多的装饰设计，
单纯以布饰来衬托高级味十足的家具。
本案的业主喜欢多元化的风格，而在多元化下产生的
设计亦能多变的观念。

Fusion of culture background and space

佘山银湖 II

房型：独幢别墅
建筑面积：330平方米
主要建材：玻化砖、黄木纹、樱桃木夹板、米黄剪切面

文化背景与空间的融合

有点沉稳，有点风华，

有点简单，又有点生活情趣，

本案业主是对事业有成的中年夫妇，小孩已大学毕业，

平常对字画有相当的收藏，家里有很多名师真迹。

原来客厅与餐厅间被楼梯间的墙完全阻隔，客厅显得

有些暗，于是在房型规划上着重拆除楼梯间的墙体，

使光源与空气能自由对流。

梯下嵌入养了金鲤鱼的鱼池。

拆除墙上主卧过道墙，使弧型圆门洞，能在梯间引进

光源，形成梯间的装饰。

酒店式偌大的主卧，沉稳而耐看，

温馨的米色碎花叶片、

软包与褐色地毯，简单大方。

本案的设计重点，关心客人的生活习惯，

着重让客人的文化背景，与空间柔和的结合。

The space tension

仁恒滨江

房型：顶层复式

建筑面积：260平方米

主要建材：西班牙米黄大理石，进口复合地板，白影夹板，锻铁扶手。

空 间 张 力

淡雅的米白色明确了空间的古典基调。
本案是坐落在黄浦江边上的顶层复式，
由于使用面积并不大，
因此在设计上我主张以米色为主基调，使空间放大。
不规整的客厅与餐厅间，介由墙面的处理及顶面的斜
格线使其不致太明显，
拆除原有过于倾斜的楼梯，
加宽加大阶梯，使复式房有舒适的楼梯，
安全性的设计是此复式房的重点。
本案强调楼梯的线条美，营造白色金色空间。
以低调的优雅来展现空间张力。
米色是主角，淡雅是设计重点，不强调凸现的创作，
以优质的建材来表现质感。

Comfort deduction of the modern space

西郊宝成

房型：连体别墅

建筑面积：350平方米

主要建材：爵士白大理石、啡网纹大理石、
进口马赛克、钢化玻璃、不锈钢扶手

现代空间的舒适演绎

格式塔学派认为，
事物的运动或形体结构显示着某种张力。
正是这种"张力"引发了情绪美学。
画家以画布为载体抒写心灵，
设计师则以空间为载体演绎舒适。
本案的设计重点重在客厅一只2.6米长的大鱼缸，
让很现代的沙发组在白色的入墙鱼缸烘托下更具时尚感。
在鱼缸的四周设计的是大量的储藏空间。
业主是海外人士，育有一男一女。
由于大量的衣服及杂物，所以储藏空间更具重要性。
整墙的储藏柜让空间不至于凸柜太多而凌乱。
业主希望家具不要太多而破坏现代感，
所以在空间设计上，利用过高的顶层，
做了阁楼及大量的入墙柜，使空间简单化，又能储物。

A romantic house

湖畔佳苑

房型： 独幢别墅
建筑面积：650平方米
主要建材：进口复古砖，白影夹板，樱桃木夹板，
进口墙纸，文化砖。

开花结果 浪漫之家

本案的业主是十多年前由台湾移居上海的企业家。
定居上海已多年，购入数幢别墅，
在我与业主沟通后决定为其营造一个温馨而低调华丽的家园。
由于家庭人口较多，
所以在空间的安排上要考虑较多的厅，以使大家能活动。
地下室以粗犷的风格满足20岁年轻男孩的活动，
当朋友来时可唱卡拉ok。吧台区，
以定制的5米长弧形酒柜划分出贮藏空间与"吧台功能区"，
当进入两片门后即能看见偌大的储藏间。
一楼白影夹板的厅是个前厅适合客用，
所以采用华丽感十足的木夹板来修饰墙体，
增加墙面的立体感，包括墙饰，不破坏原结构。
白影近乎丝绸般的质感和若隐若现的波纹被人看来与丝绸接近的错觉。
深樱桃木色的影视厅亦用了同样的手法来处理，
这里是家人相处最多的地方，
故包裹墙体用了质感较强的樱桃木色，营造温暖感。
木色是最能体现温暖的材质。
方正的餐厅设计以刻花灯饰，用圆餐桌表现天圆地方的理念。
不同的卧室以极强的软装来烘托。碎花的女孩房及板式的男孩房，
豪华浪漫的主卧，每个房间都有着极强的个性。
这是一个浪漫的大家庭的故事，
在女主人努力灌溉下，开花结果幸福美满。

Brief Chinese style

现代缘墅

房型：联体别墅

建筑面积：350平方米

主要建材：玻化砖、黄木纹、樱桃木夹板染色、
乳胶漆、不锈钢扶手、雅士白大理石

简约中国风

透着些许古典的雅致，

将单纯、平稳、明亮带入生活，

这是简约主义风格传达出的魅力。

业主爱极了胡桃木色，

于是一个简约又略带中国风的居室在沟通后完成创作。

本案空间上的格局优化在环境，

客厅挑高的空间呼应着二楼栏杆的水平线条，

简洁的空间线条，

以实用性极强的楼梯做了最好的装饰。

让楼梯成为空间上的灵魂。

贯穿在每个楼层，

上上下下，运用胡桃木色的线条，横直交错，

或是隔墙、或是主卧移门，

让空间产生情趣，简洁的胡桃木风格，

能体现稳重感，黑白分明的线条，

更能体现主人的性格、明朗、又直率。

Family nowadays

浅水湾 I

房型：独幢别墅
建筑面积：380平方米
主要建材：樱桃木实木、夹板、沙安娜米黄
镶嵌玻璃、碎金箔、进口复古砖、进口墙纸

现世的金粉之家

樱桃木的沉稳色泽搭配金色细腻雕饰，色彩繁复的镶嵌彩绘玻璃，
华丽的家具，塑造一个奢华耀眼的金粉世家。
入口高立的半圆柱隔开了玄关与梯间的唐突，饰上装饰柱，
豪华感从一进门就明白。
弧形的楼梯，饰以古铜色的锻铁板。施工工艺是种挑战，
如何在古典与豪华的VERSAE家具间相结合，
是我极大的挑战。我一直认为别墅的设计师应该是能将业主的喜爱融为
一体，以专业的角度，做完美的呈现，才能称为好的设计。
而在不同家具的选择上本案是较特殊的，也具有挑战性的，
因为它别于我个人最爱的米色调，
完全呈现出一种深色系的华丽。
如何在深色与金碧辉煌的VERSACE家具间取得平衡，是成功的关键。
客厅原有的方柱因无法拆除，包裹成圆形，
以深樱红樱桃本色支托整块大面积。奢华的VERSACE沙发，
尊贵地坐落在刻花的石材壁炉前。
金光灿灿的VERSACE餐桌及酒柜，在镶嵌玻璃的演绎下更显得出彩。
吧台区更以双半圆形，设计出特别的动线，
整个厅的重点有别于我以往的设计，强调华丽、凸显家具的奢华。
主卧室则别于厅的风格，采用实木的进口家具及暗色调的家具来演绎。
卫生间更以进口砖来制造复古的风格。
书房以酒红的墙纸营造贵气。
影视厅，暗色系中的不低调，真皮进口吧台，材质华丽，互相衬托。
在这一套有别以往低调风格的设计中，感谢业主给付予我空间。

Between magnificent and rough(wild)

浅水湾 II

房型：独幢别墅

建筑面积：330平方米

主要建材：人造石、米黄剪切面、进口墙纸、
进口米黄大理石、锻铁、玻璃砖

华丽与粗犷之间

细腻华美的线条，柔和唯美的用色，
配以典雅的法式家具，
使整个空间呈现浓郁的贵族宫廷色彩，
巴洛克式的奢华，感性而不凌乱，
凸显居者优雅品位与矜贵气质。
客厅大面积的米黄剪切面材质应用，
凹凸立体配上华丽的地毯，反差材质感的应用，
能凸显某种特别的异国风情。
开放式厨房以进口厨具、甜蜜感十足的进口马赛克，
配上法式浪漫唯美的餐桌，
客厅与餐厅的转动液晶电视实用且美观。
本案的设计以大块面的米黄剪切面作为起始，
企图在华丽与粗犷间，做材质的最大融合，
让不同类型的材质在配合应用下产生别样风味。

An imposing house for a man

汇贤居

房型： 公寓
建筑面积：135平方米
主要建材：玻化砖，进口西班牙米黄，
黑金沙，镜子，进口长毛地毯

通透气派

通透在居室设计中讲究空间的视觉范围宽广，
格局划分错落有致，
同时"透"还意味着居室的明亮与舒适感。
本案曾是高单价的精装修房，由于业主的要求高，
在全拆除后，呈现出一个单身男人的家。
业主是香料制造商，在国外多年，希望能将家里营造
出酒店式风格。
吧台更是相当重要，因为三两好友可在此间细细品味，
因此酒店的功能在设计上是非常受重视。
以男人气十足的设计来表现空间，
故以黑沙金的气派来代表男性气概，
以西班牙米黄来柔和空间。
大面积的镜子使客厅吧台区功能放大数倍，由于层高
不高，所有灯具完全入顶，不安排吊灯，
使空间不致有阻碍物。
由于业主是男性，考虑到其书房因杂物多不易整理，
所以做了入顶的移门，当门关上时，
所有的书及杂物不致让空间凌乱。
主卧以纯白的床组，搭配编织墙纸，
镶上边的易经，体现主人的品位。
本案是公寓式酒店较合适的风格，简洁、明快。

An ever blossomming villa
爱伦坡

房型：独幢别墅
建筑面积：260平方米
主要建材：实木复合地板、进口花墙纸、
文化石、复古砖

永远花开的别一处居所

这是幢3层楼的独幢别墅。
入口处打开玄关与楼梯间的隔墙，
以白色实木楼梯来营造其质朴味，
在不能拆除的柱面上做适度的装饰，开放的客、餐厅
与休闲区皆以英式大花墙纸来装饰。
整个家保留大部分的原始结构，
在装饰上缀以更自由的乡村风格，让平常居住在市中
心的夫妻在放假时能有个称心的居所。
质朴的装修，以大花来增加其墙纸来点缀。
度假休闲是本案的设计重点。

Simple and clean style

春天花园

房型：公寓房
面积：150平方米
主要建材：万寿红大理石、玻化石、
新希米黄、枫木夹板、天然纤维墙纸

简约是一种朴实的生活情调

本案的业主是位海归派人士，
因为工作关系从加拿大移居上海，
由于太太小孩尚长居加拿大，所以希望有个较简约又
不失美感的空间，实用成为设计上的重点。
在设计上拆除了大面积的砖墙，让厨房很开放。
利用客厅死角，万寿红大理石制作的斜角电视柜，
让电视设备入墙，使厅的面积更显宽宏，米色的空间，
缀以喜气的万寿红，让柔和的空间充满趣味，
强调实用的极简风格，大块面的处理是重点。
透明的主卫、大面的钢化玻璃，没有多余的线条。
简约的空间上缀以精致的水晶灯，晶莹剔透的美感，
透过圆圈水晶灯演绎。
简约是一种朴实的生活情调，
让匆忙的心情可以在此净化。

The most suitable house

东方曼哈顿

房型： 三房两厅

建筑面积：150平方米

主要建材：玻化砖、金箔、透明镜、
夹金丝玻璃、枫木夹板

最适合的避风港

这个案例的业主是一对年轻的新婚夫妇，
喜欢极简的风格，又偏爱酒店式的家具。
所以在整体的设计上强调空间的合理规划，
以平线大方块来组合整体空间，
使不是太大的公寓变得宽敞。
强调其简练、精致、实用的理念。
格局的大块面分割、强调空间实用与均衡的对称。
在保持空间完整通透的同时又为不同的区域做了界定。
房内没有多余的装饰品，
笃信佛教的年轻夫妇在厅的正墙上挂上了佛经，
保佑着家人的平安。
居家的设计与业主的生活习惯有着密不可分的关系，
家为居住者提供了一个自己最适合的避风港。

Succinct expression of the American decoration

水仙苑

房型： 独幢别墅
建筑面积： 350平方米
主要建材： 玻化砖、雅士白大理石、进口啡网纹、
实木地板、煅铁扶手、进口墙纸

美式家居的简练表达

一座经过沉淀后浮现的不带夸张装饰的华丽新古典家园，
正统的美式家具，不刻意雕刻的主题，
没有呆板僵化，没有纯理性的完全对称，静谧中托出圆满。
本案的家具，大多为实木家具，
在与主人沟通后，主人即明确地告诉我他所喜欢的家具风格，
而设计也因家具的定位展开。
这是对中年夫妇的家，夫妻双方较钟爱美式家具。
所以在空间的处理上，尽量不过分夸张，
而主要强调与家具的适度配合。玄关的圆形大理石白兰花、四个圈
表示事事如意，圆圆满满。
以整衣镜及金色方格框为主角，衬上实木板踏步，
没有任何不需要的装饰，是自然的设计手法。
客厅碎花布的沙发与花窗帘，让偌大排高的厅不至于太单调。
餐厅与休闲室，绝色的墙纸衬托，
整个家绿意盎然，花开满园。在家里也能透过软装闻到花香。
大女儿房，白色家具，小花墙纸，订制的衣柜门与家具同款，
简单大方又不失天真烂漫。主卫则以沉稳为主。
白色皮床，与深色家具，透过金色软包墙，在不统一中又能相互协
调融合。由主卧墙饰的处理，让空间变得更柔和。
本案以简练的手法来叙说深沉的美式家具，
不刻意强调复杂线条，以大块色调来整合空间。

An oppenning space

汤臣豪园

房型：复式

建筑面积：250平方米

主要建材：玻化砖、天然墙纸、黑檀夹板、
木刻花、金箔

拓展的空间

我们对生活的态度，
就是我们对生命的理解与关注。
一个人要生活，不仅仅是存在，
在我们最需要安宁的时候，家是最好的避风港，
让我们宁静。
方块重叠的相互组合应用，
大面积的出现在本案挑高的客厅中，层次分明清晰，
在方块与黑檀木交接的餐桌区，饰上金色花饰，
让人从玄关处便能感受到辉煌。
本案的房型，由于餐厅的宽度不足，
所以在视觉上运用了白镜的透视效果，
使空间变为两倍。由于透明镜过于冰冷，
在镜的周围以胡桃木色衬边。
女儿房则扩大了房间面积，在阳台处做了书桌，
阳台与床处又做了可爱的吊柜，
让原来过小的空间，能留出活动位置。
主卧以方格软包，白色床组，
及浪漫的水晶床灯，营造气氛。
本案由于房内并不十分大，
所以在空间上做了很多修改，
挑高处和电视区，加出了衣帽间，
又不影响挑高的气派，是设计重点。

Natural harmonious buddhist life

天籁园别墅

房型：独栋别墅
建筑面积：308平方米
主要建材：科技板、米色哑光砖、钢化玻璃、
乳胶漆、复合地板、塌塌米、短毛地毯、
黑白板大理石

自然和谐的禅居生活

禅，崇尚直取根本、天人合一的精神境界，
由此衍生朴素、单纯的理念，体现在现代家居中，
是推崇自然和谐之美的禅居生活。
业主是对年轻的广告业者，
笃信佛的性情中人，有着礼佛人的达观性格。
广告业者平时重视穿着，
从业主的衣着、品味及性格，通过沟通，
我认为他们适合比较简约、时尚的空间。
业主请来风水大师、决定把楼梯入口处的总门封了，
改至厅的南面，我亦认为很合理，不至一进门即见楼梯。
修改后的房型在整个厅的设计上除了具备了基本功能，
满足看电视、壁炉取暖之外，更加强了楼梯的线条处理，
没有任何复杂线条收口的楼梯，利用钢化玻璃直接嵌入大理石踏
步内的施工手法，简洁明快，较与业主的性格吻合。
在一楼客房安排了和室，以便业主的一对双胞胎子女游戏，
在有客人来的时候又可以是容纳一家人的居住客间；
二楼规划为父母及小孩房区域；进入三楼即为主卧，
一个完全独立的私人空间。
在狭长的主卧房，利用旋转电视架，分隔了睡眠区与休闲区，
利用最原始且不容易故障的双套管转轴原理，
让电视可以随主人所在位置转动，实用且能分割狭长空间。
整幢别墅的风格，线条是直线的、极简的，
色调以米、灰、白、黑中性色为基调，
客厅梯间以整墙处理，灰米色的科技板色调，
让整个空间充满禅的静谧气氛。

Italian's Chinese-style house in Shanghai

盈家园别墅

房型：独幢别墅

建筑面积：300平方米

主要建材：胡桃木夹板、砂岩板、墙纸、
玻化砖、乳胶漆

意大利人在上海的中式家居

玻璃材质，努力克服人性与科技之间的矛盾，
让玻璃不显冷清，
在简洁中寻找现代材料与人性的深层感受。
线条硬朗的胡桃木色墙饰，一张一弛、一明一暗间，
表达一份深沉和谐的美感。
本案的业主是意大利人，
对中式现代风格极为喜爱，长居上海，
所以对家的期望有别于意大利。
简约的中式风格更能符合其生活方式。

An imposing house for a man

苏州天邻别墅

房型：独幢别墅
建筑面积：350平方米
主要建材：万寿红大理石、啡网纹大理石、
科技板、雅士白大理石、
枫木实木地板、哑光砖

大气男人家

米色、咖啡色是本案的主色调，
通过线条来表现别墅的恢弘旷达。
本案的业主是从美国来苏州设厂的企业家，
来中国已十多年，希望家是充满男人气息的、简单大
气，因为他说灰尘太多，要好打理。
玄关以科技板包裹装饰、配上抽象画，
简洁的线条显示出的张力放大无限。
客厅以万寿红及深色啡岗石为主角，
配上真皮的菱表现男性化的气势。
拆除楼梯墙，使光线引入梯间，
白天不开灯能有自然光源。
在回廊过长的墙面饰上红色花墙纸，以实木柜体、
主卧室的移门关上时，营造出画的效果。
男业主十分钟爱抽象画——如同他的气概不凡，
沟通后我认为为其创作大块面的色调对它是适合的。

编后记：纪录陈翠

陈翠来自台湾，但她认为，上海很适合她。

有人说，上海可能是全世界女性享有最多主权的城市，但是，如果不是身为女性，很少有人能体会到，这个城市在给予你权利的同时，也收回了对你的责任和怜惜。

《上海风华》是《设计家》书系的第一本作者个人专辑。这本书的筹划、编写历时半年，期间，我每每想起上个世纪30年代上海的另外两位女性，苏青为自己的《天地》月刊给张爱玲写的约稿信，开头第一句便是"叨在同性……"

但是，我选择陈翠的作品做第一本专辑，绝非仅仅因为同性之缘，更多的是出于一个出版人对读者市场的理性认知。

《上海风华》辑录陈翠近年来在上海完成的26个案例，共300多幅精美图片，多数已陆续在《设计家》书系等媒体发表过，读者多有好评。

陈翠典雅华丽的设计风格，娴熟纯粹，已自成一派。陈翠的华丽，是一朵盛开的牡丹，每一片花瓣都很舒展，极尽灿烂，绝不骄饰；陈翠的华丽，是成功人士的选择，是平凡人生的梦想；陈翠的华丽，是太平盛世的一个注解，是生命进行曲的一个鼓点。

如果生活可以如此美丽，我们为什么不更积极，更努力，我们奔向成功的脚步为什么不会更加快？

王安忆说，"要写上海，最好的代表是女性，不管有多大的委屈，上海也给了她们好舞台，让她们伸展身手。"由此，你可以明白，为什么生活在上海这个城市的女性，骨子里需要一股硬气，因为你想得到你眼里的美丽。

《上海风华》所有案例的设计说明，皆为陈翠亲笔撰写。陈翠不会用电脑，录入工作由我完成。陈翠的字里行间处处流露着"受人之托，忠人之事"的虔诚态度，业主的性格、喜好，空间的优点、缺点，一一记忆犹新，仿佛都在昨天。

《上海风华》是植根在生活土壤里的鲜活花朵，因此才会愈开愈美丽。

我们感谢共同培育这朵花的"陈翠国际设计"全体员工，感谢摄影师李耿先生。

更要感谢所有这本书的读者，愿你们都有一个《上海风华》一样舒适、美丽的家。

《设计家》主编 许晓东
2006年5月

图书在版编目(CIP)数据

上海风华/《设计家》编辑部. —南昌:江西科学技术出版社. 2006.5
  ISBN 7-5390-2842-4

Ⅰ.上… Ⅱ.设… Ⅲ.住宅—室内装修—建筑设计—图集 Ⅳ.TU767-64

中国版本图书馆CIP数据核字(2006)第039334号

《设计家》编辑部

上海市南丹东路300弄亚都国际名园8号楼1001室

邮政编码　200030

电话　021-54251816　54256149

传真　021-54251816-22

E-mail：zhuzhaizh@vip.163.com

主编：许晓东

责任编辑：刘 峰　奚 亮

发行经理：周铁军

美术编辑：毛 羽　谷颖臻

摄影：李 耿

出版：江西科学技术出版社

社址：南昌市蓼洲街2号附1号　　邮编：330009

电话：0791-6623341　　传真：0791-6610326

印刷：凯基印刷（上海）有限公司

经销：各地新华书店

开本：889×1194　1/12

字数：280,000

印张：22

版次：2006年6月第1版　2006年6月第1次印刷

书号：ISBN 7-5390-2842-4/TU·232

定价：RMB200.00元

（凡属印刷装订错误，可向本书编辑部调换）